RETUMBA LA PUERTA DEL CIELO

Basada en algunos hechos reales

Historia del paso del ciclón David en
La Comunidad de La Cueva,
República Dominicana

D. S. Drwinland

Primera Edición: Octubre, 2014

Título original: Leyendas de un pueblo llamado La Cueva

Printed in United States

Impreso en Estados Unidos

CONTENIDO

ESPANTOS Y MISTERIOS

La noche cayó con su espesa masa negra sobre el cielo arropando los valles frondosos e hinchados de verdor hasta las planicies más ocultas obligando así a los obreros de inmensas tierras a dejar el trabajo laborioso de todo un día.

Los animales se refugiaban bajo arboles. Animales como los caballos, las vacas, los patos, las gallinas, los cerdos. Los campesinos dejaban las herramientas en los establos que estaban dentro de sus fincas y que, por tanto, no ameritaban seguridad más que para la lluvia. Por eso solo se cubrían del techo.

En aquellos establos se molía café, se machacaba el jengibre y el cacao. Pocas veces los animales preferían refugiarse en los establos. Estaba claro que para ellos no eran seguros. La fuerte presencia de algo oscuro descansaba en las esquinas superiores del techo. Fue así como nacieron las leyendas de este pueblo, debido a los berrinches informativos de los instintos sensoriales de animales de granja.

Es el 27 de agosto del 1979. La vida del campo transcurre silenciosa, calmada, en armonía y para colmo, aún no hay electricidad en la comunidad. De noche, algunas velas alumbran las cocinas, tal vez la sala, una habitación o una que otra galería.

Las personas acomodadas pueden contar con algo más moderno: las lámparas de gas. Pese a la oscuridad, la familia se reunía de alguna manera y eso armonizaba el silencio.

Había un lugar donde se congregaban los niños alrededor de la abuela, era la galería o el frente de la casa, donde inmersos bajo aquella temible oscuridad de la noche con pequeños destellos de luces titilando en una mesita en el centro de la sala, transmitían las historias pasadas de eventos extraños o cosas que existían de forma inexplicables.

Los rostros tomaban otro efecto ante la ausencia de alguna luz. Eran rostros sombríos, como a blanco y negro. El ambiente recreaba un momento de terror y era ahí donde sin radio o televisión se daban las leyendas más macabras de este pueblo.

—Les cuento —dijo la abuela con mirada de espanto a sus nietos y a los amigos de estos— que este lugar de la Cueva —hace una ligera pausa y mira hacia el vacío de la oscuridad en todas direcciones volviendo con sus ojos grandes en un de repente y asustándolos a todos— está lleno de almas divagando. Hay espíritus chocarreros, así como brujas, fantasmas, cosas que no podría contarles en una sola noche.

—Cuéntanos mama, ¿Qué sigue? ¿qué sigue? —Dice uno de los hijos con inquietud y curiosidad ante el repentino silencio conmovedor—.

—La curiosidad no es buena cuando se trata de los muertos. Sin embargo, les contaré: un bello día soleado salimos algunas mujeres al campo a recoger café.

El sol resplandecía con su aire de campo en la lejanía de un valle, pero no ante la noche. Ya casi daban las seis de la tarde cuando recogíamos los instrumentos y las cubetas para colocarlas en el establo abierto.

Éramos cuatro mujeres, casadas, con hijos, débiles. Mientras depositábamos las herramientas, un hombre de brazos robustos apareció de la nada. Nos saludó y nos advirtió de algo.

—Deben encontrar refugio o morirán. Lo que se aproxima es tremendo.

Parecía enfermo, un loco con su voz aguda y mirada de ciego absurdo. Lo ignoramos por completo mientras dejábamos el lugar organizado y el hombre se marcho apenado.

Lo curioso fue que, para ser un campo con pocas personas aún, todo el pueblo sabía cuando alguien nuevo llegaba y aquel sujeto no era de nuestra comunidad. Había muchas mujeres embarazadas para entonces. Nos dio espanto pensar en eso mas tarde y suponer que aquel hombre era un asesino o un enfermo loco que podría herir a cualquiera.

Al día siguiente, ya terminando el trabajo del establo, ahora acompañada de mi esposo, las mujeres recogieron los instrumentos con rapidez y se marcharon.

Cuando mi esposo iba a poner las herramientas sobre los ganchos en el granero abierto, sus ojos se habían frisado en algo dentro de la parte interior del techo curvilíneo.

Yo me le acerqué para despabilarlo y me dijo que no me acercara, porque una bruja estaba dentro sobre él.

Quería verla por mí misma, pero ojalá no haberla visto jamás. El celaje de su vestido desgarrado en retazos flotaba llenando todo el techo de más oscuridad.

Su rostro alargado como el de una carabela, casi sin piel y sus cabellos disparados entre las esquinas del techo le daban un tono diabólico y tan atemorizante que nunca nadie querría volver a experimentar tal cosa. Mi esposo le preguntó que cual era su motivo al estar allí. Ella nos dijo con pausada:

—Vienen cuerpos nadando en sangre y los aprovecharé. Ustedes no son de mi interés.

Nos fuimos corriendo del miedo, alterados y nerviosos sin saber que era todo eso, pues sus dientes eran de colmillos, como los de un perro y sus labios sarnosos y podridos, como los de un cuerpo descompuesto.

—Entonces, ¿La bruja no volvió a aparecer abuela?

—No ha vuelto. Pero hay algo que todavía me preocupa mas aun que esa bruja.

—¿Qué abuelita?

—Que eso sucedió hace apenas unos días.

—¿Eso que significa abuela? —Los niños estaban empezando a sentirse asustados y agitados con la historia.

—Me temo que no estoy segura aún. Pero es un presentimiento macabro el que llevo dentro. La presencia de aquel hombre, las palabras de aquella bruja, tienen algo que ver. Suenan como presagio. No se si debemos prepararnos ante cualquier suceso. Pero si que pasara algo tremendo. Algo que jamás hemos visto antes y traerá muerte por decenas.

Los niños se acongojaron. Estaban pensativos y realmente, tragaron fuerte aquella noche.

Nadie durmió tranquilo. Las sabanas caían sobre los rostros inocentes para protegerles de presencias macabras y unos que otros aprendieron a rezar esa noche para sentirse seguros con Dios.

La abuela solo deseaba encontrar una razón apropiada. Pensó en acudir al sacerdote de entonces y pedirle una respuesta acerca de todo aquello.

Los gallos cacareaban y los pajarillos cantaban sus silbidos mañaneros. El sol traía su brillo con potencia y las nubes se notaban despejadas. Los viejos aclamaban:

—Hoy puede ser que caiga una fuerte lluvia. A mucho sol, agua que caerá. –Eso creían y regularmente sucedía así-.

LA ANTESALA
DE UNA PESADILLA

Día siguiente del mes de agosto del año 1979. Un momento de paz consuela a la abuela. El pueblo se recoge en sus faenas normales.

Los negocios abren sus puertas y una briza fuerte empieza a rugir poco a poco. La Iglesia remese su campana y se agita un poco mas con la brisa.

Aquella Iglesia era especial. Construida sobre una meseta en una montana, daba tono de un monasterio al que iba el pueblo a orar. Es grande y muy hermosa. El Padre de entonces, conocido como el Padre Guerra, era un hombre alto, fuerte, voz aguda y con educación de militar a parte de la de sacerdote. Se corría el rumor de que llevaba una pistola con el, pero nunca nadie se la pudo ver. El sacerdote era un tipo de piel áspera, pero su corazón se igualaba al de un niño.

Era muy notoria su sencillez y su calidez al empezar a realizar una misa sabatina dedicada solamente a los niños de entonces. Muchas madres acudían para animar a sus hijos en la enseñanza religiosa. Era algo insólito.

La abuela llego aquel sábado después de un viernes en la noche lleno de historias macabras y espantosas. Se sentó en su silla especial, la cual ella había comprado para sentarse en frente cerca del altar. Espero al sacerdote y le comento la relación de aquellas insidiosas situaciones que le aparecían en su cabeza.

—¿Qué podría ser Padre Guerra? Esta situación me tiene consternada. He visto una bruja, he visto un hombre extraño hacer mención de muertes al igual que la bruja. ¿Qué puede significar todo eso?

El sacerdote cerró sus ojos por un momento y oro y la briza soplo aun mas fuerte sacudiendo las puertas de la Iglesia como nunca y provocando un ruido estridente con los hierros de seguridad que rosaban el piso al moverse.

Salió sospechando lo que no esperaba creer. En aquella cima se podía ver muy distante, incluso a través de las montanas que bordeaban aquella meseta de la Iglesia, podía verse el horizonte. Cada mañana era un hermoso despertar o una llovizna leve que bendecía el pueblo de la Cueva. Ahora no parecía ser así.

En la mente científica del padre había una posibilidad de que todo eso que aquella abuela decía tuviera una relación y que ella no estuviera loca como algunos pensaban. Al salir, el padre Guerra abrió los ojos y supo de que podría tratarse aquello. Entro a la Iglesia decidido y alzo su voz con un megáfono que usaba para hacerse oír en todo el templo.

—Pueblo de la Cueva, niños, madres, hombres…tienen que escucharme seriamente. Lo que pasara en este pueblo no tiene consideración alguna con ninguna otra catástrofe jamás conocida hasta ahora. No teman, Dios que esta con nosotros nos ha enviado su mensaje antes de que suceda. Los que tienen sus techos muy fuertes, pónganle una seguridad doble, los que tienen el techo de yagua o zinc, vayan a las Cuevas de La Colecita, váyanse hoy y lleven con ustedes provisiones. No hay tiempo que perder. Avísenle a todo el pueblo.

—¡Pero padre!, —gritó asustada la abuela— Aun no nos dice de qué se trata. ¿De qué tenemos que huir?

—Enriqueta, lo único que se es que, esas nubes negras tan espantosas jamás las había visto mas que en libros de geografía y, por su color, tengo entendido que es un ciclón enorme el que se aproxima. Aquí en la Cueva no hay forma de comunicarnos esas cosas. He pensado que aquel hombre que usted vio en su finca era alguien del pueblo de Cotuí que había venido caminando a avisarle al pueblo ya que en Cotuí hay una radio y debió haberse informado. A lo mejor fue rechazada su información por la desconfianza del mismo pueblo a la gente nueva. Ahora veo que tenía razón. No solo el, también la bruja. Realmente ella espera que muchas personas mueran para ella absorberle la sangre y así alimentarse. Debemos guarecernos pronto. Usted salga con su familia hoy mismo, yo recogeré algunas cosas de aquí de la Iglesia. Puede que ya no vuelva a hacer la misma. Nos vemos allá en la Cueva.

El padre Guerra dio una bendición de aliento a todos, pero nadie se acordó de ella. La mente enfrascada en el posible cometido proveniente del poder de la naturaleza empezaba a desanimar a muchos.

En la casa de Doña Reina, había un pequeño colmadito el cual cerraron al escuchar a las personas hablar de eso mientras llegaban a comprarle al bajar de la Iglesia. Su colmado quedaba precisamente frente a la entrada de aquella caminata hacia la cima.

Chicha, muy conocida en la Cueva, también cerro sus puertas de una pequeña paletera que tenia. En la calle uno, una mujer de aspecto muy amable, con sus mejillas redondas y de color amarillenta, se preparaba con su esposo y su hijo de apenas 2 anos, en salir hacia la Cueva de la Colecita, le llamaban Tago, pero su nombre real era Altagracia.

Próximo a ella vivía Pancha, una mujer de un carácter muy humilde, quien al junto de su pareja tomo a su hijo de siete anos llamado Cirilo y salieron apresurados hacia la emigración mas conmovedora de todos los tiempos en la Cueva. Las calles repletas de personas con sacos, animales, ropas y provisiones de alimentos.

Algunos llevaban losas o calderos para cocinar allá en la Cueva.

Las nubes se aproximaban muy aprisa. La lluvia dio entrada con leves vientos. Ya muchos estaban llegando a la Cueva y se amotinaban en la entrada de tal modo que muy pocos podían refugiarse dentro.

Al llegar el Padre Guerra vio la situación enredada de aquellas personas y les replicó:

—Si quieren salvarse, empiecen por pensar en su gente. No es momento de ser egoístas. Acomódense bien por ahí detrás y tráiganme una lámpara de gas.

—Reclamó.

La abuela, conocida como Enriqueta tomo una lámpara que tenia un señor muy acomodado y que se encontraba allí. El no se incomodo. No hasta ver como el padre Guerra tomaba la lámpara y le quitaba la cabeza para desparramar gas sobre un pedazo de camisa que había amarrado de una rama gruesa.

—¡Oiga, pero ¿qué cree que hace? Pagué mucho por ese gas, usted me lo pagara. ¿Qué se ha creído?

El padre Guerra lo miro sereno a sus ojos y solo le dijo una palabra:

—Descuide, ya el gas está pagado.

—¿Cómo? No veo el dinero. —Responde ignorante el hombre.

—¡Lo que vale su vida! ¡Con eso ya esta pagado su gas! —Exclama el Padre Guerra—. Ahora, he traído todos mis ornamentos para que hagamos una misa aquí y oremos para que este ciclón o huracán pase sin dejar tantas pérdidas. Por favor, todos echen hacia atrás. Ahora mismo el miedo que pueda esconder esta Cueva no se compara en nada con ese terrible monstruo de la naturaleza.

Pancha llamó a su hijo Cirilo para que estuviera a su lado, pues jugaba con algunos niños en las inmediaciones de la Cueva.

Él se sintió muy turbado con los truenos. Los relámpagos le espantaban demasiado y gritaba de forma agitada como si le clavaran un cuchillo cada vez que se estremecía el cielo.

Una señora llamada Petronila, llegó hasta ella y le dio un poco de pan que había llevado. Pancha le pasó a su hijo y a su esposo y luego le agradeció a Petronila por aquel gesto.

Cirilo seguía angustiado ante cada mordida de pan y se estiraba el pelo de forma violenta. Su padre intento tranquilizarlo.

Los demás veían hacia afuera y sus ojos no sabían lo que veían. Una intensa oscuridad se apodero del cielo muy de temprano aún.

Apenas eran las cinco de la tarde y ya el cielo estaba como si fueran las ocho de la noche. Las personas más supersticiosas no querían ver hacia afuera. Era como si las nubes hubiesen descendido del cielo y se acoplaran sobre aquellas llanuras provocando mucho frio y humedad y sobretodo, terror y espanto en sus habitantes.

No era un día o una noche cualquiera, era tan solo la antesala a una pesadilla siniestra y muy desalentadora. Era la noche que cambiaria las vidas de todos en el gran y hermoso campo escondido de La Cueva.

Diógenes, un joven muy inteligente del pueblo y a quien le gustaba mucho el negocio se encontraba allí. Pensó en silencio y, ante las charlatanas quejas de muchos y las sinfonías negativas sobre aquella tormenta y de a cuantos mataría, vio a los niños llorando, así que, se dispuso a hacer fuego de la antorcha que el Padre Guerra había preparado y puso un caldero con víveres que empezó a pelar el mismo.

Tago no lo pensó dos veces y se puso también en marcha. Mirta, una mujer muy humilde le dio una mano y algunas otras del pueblo que sabían preparar grandes comidas, se dispusieron a hacer lo mismo.

El padre Guerra se remango su sotana, la que no se quito nunca y empezó a pelar yuca. Algunos pretenciosos vieron aquello como algo exagerado al principio.

Enriqueta también pelaba plátanos y al hacerlo, vio a algunos que estaban sentados sin deseo de nada, así que les tiro unos cuantos y les recomendó:

—Siempre se puede aprender, eh. A ver si dejan esa ñoñería y se ponen a ayudar, carajo.

Al instante se pusieron a pelar víveres también. Tomaron agua de algunas puntas afiladas que caían dentro de la Cueva a modo de caño y solo quedaba esperar por la cena. Muchos sacaron queso de sus bolsas, otros huevos y algunos hasta carne de res.

Casi todos comieron aquello que habían traído y los que no tenían nada, el Padre Guerra les dio a Enriqueta, Petronila, Tago y a otras mas mujeres destacadas en el servicio, un poco de carne, huevos o queso y así lo repartieran entre los demás.

Juan, el esposo de Enriqueta estaba admirado con la mujer que se había casado. El era el único extranjero allí. Había venido de Cuba movido por la barata excusa de un negocio que pretendía levantar en la Cueva con el fin de ganar mucho dinero. Pero el amor, oh si, el amor. Ese amor le barajo todos sus planes y conquisto sus ojos en aquella mujer de pelo largo y fuerte entrecejo.

Le vio un carácter de decencia y una actitud para el trabajo como a ninguna otra mujer. Estaba contento con ella.

Se sentía admirado de los hijos que le había dado. Allí estaban ellos, sentados alrededor de la fogata, esperando porque su mamá se desocupara para que los alimentara. Una mujer determinada y llena de sorpresas. Los hijos ya grande le respetaban con mucho amor.

El Padre Guerra pensó que seria bueno enumerar a las personas y así nadie se perdiera en caso de que pasara algo. Tomo una de sus libretas y anoto la cantidad de personas solamente.

Había un total de ciento cuarenta y cinco personas allí. Los murciélagos que volaban sobre el techo del interior de la Cueva no eran más que aquellas personas. Aunque, sí el heno que defecaban. El suelo estaba lleno de heno de murciélagos que daban un olor desagradable al ambiente, pero solo hasta antes de la cena.

Pero eso ni se sentía con el tormentoso panorama que se veía afuera. Las ramas se empezaron a caer en pedazos. Sobre el techo de la Cueva se sentían las ramas mas grandes caer como si nada fueran. El mundo parecía que se estuviera acabando.

Después de la cena, hubo un momento de silencio. Alguien que había venido corriendo desde el pueblo llego sumamente empapado a la Cueva y Quirino, un hombre muy calmado, pero despierto para hacer el bien, tomo rápido una toalla que tenia consigo y se la tiro encima al pobre hombre empapado.

Aquel hombre era Cabuya, el padre de Tago. Se había quedado en su casa al creer que podía resistir el huracán. Un rato más tarde, el techo de zinc se le había despedazado. Tuvo que correr y contando la pericia que acaeció durante el trayecto, comento que era imposible llegar vivo a la Cueva de la Colecita sin sufrir ningún daño.

Las ramas estaban por todas partes y bloqueaban el camino. Los ríos se desbordaron y llevaban consigo muchos cadáveres de personas que no llegaron a enterarse de la mala noticia.

No solo eso, había brujas suficiente para chuparle la sangre a un pueblo entero. Ellas solo perseguían a los heridos.

Cabuya contó aquella escena con lagrimas en los ojos, ya que llego por misericordia de Dios sano y salvo viendo como a su espalda muchos deseaban llegar, pero no corrían tanto como el que era un hombre de montañas.

El padre Guerra fue a consolarlo.

—Debemos orar. Quien no sepa como, que aprenda ahora mismo. Necesitamos la oración en este instante.

—¿Para qué orar? De todas formas, vamos a morir. No sirve de nada orar contra tan inmenso poder. Además, Dios mismo es quien permite que esto pase. —Había resoplado Manuel, un hombre muy incrédulo y de carácter recio quien tenia a su hijo llamado igual que el allí a su lado y quien escuchaba todo eso.

Tinita y su esposo Delfín, quienes tenían a su hijo también con ellos, dieron una respuesta a aquel hombre incrédulo.

—No debemos pensar con miedo sino con todo lo que nos queda. Dios será el precursor de este fenómeno, pero algún propósito mayor tendrá El para hacer esto. Yo respeto eso y me someteré a su voluntad sin importar cual sea. —Y su esposo la apoyo diciendo también:

—No es de cobardes orar. Solo sabemos que esta noche alguien podría ser muy severamente lastimado, pero también salvado por el poder de la oración, así como Cabuya ha llegado aquí sano y salvo. Creo que se lo debemos a la oración. Por esa entrada de esta Cueva entraran más y más vivos, porque la oración hecha con fe no se desperdicia en el vacío.

Desde los niños que dormían ya, hasta los adultos más incrédulos se despertaron y se despabilaron para ponerse a orar.

Elevaron plegarias personales, hicieron varios padres nuestros y plegarias a la Virgen María, así como cantos y salmos que llenaron el lugar de esperanza.

El fenómeno no parecía cesar, pero de que algunas personas que se habían quedado en el pueblo de la Cueva empezaban a llegar, eso si era algo milagroso, porque llegaban vivos, llenos del amor que reunía a la familia a través de un evento tan terrible.

La mujer conocida como Tinita era una profesora que luego seria toda una ayuda futura en la Cueva como directora de esta.

Esas personas que llegaban durante la noche eran hijos de algunas parejas que estaban en la Cueva de la Colecita refugiándose y que habían discutido durante mucho tiempo y no se hablaban. Hijos que odiaban de por si a sus padres, allí estaban juntos dándose un abrazo enorme por si la muerte les sorprendía antes de tiempo.

Estaban más acongojados que la misma humedad de la tormenta. No llovía afuera tanto como en el corazón de aquellas personas arrepentidas. Había amor, había fe y había esperanza.

Mela, Millo, Gracita y algunas otras mujeres más de la Iglesia, tenían apartado un grupo de oración.

Ellas alentaban al grupo en no perder la esperanza. Además, cuidaban porque los niños no se aproximaran tanto a las zonas más oscuras y profundas de la cueva de La Colecita.

No eran solo las brujas, también los animales salvajes. Misteriosamente, ningún murciélago se espanto con aquella visita inesperada, que cantaba alabanzas y hacía oraciones al creador de la vida.

LA NOCHE MAS LARGA DEL PUEBLO DE LA CUEVA

La situación no parecía calmarse aún. El miedo seguía latiendo en los corazones más débiles. La primera en notarlo fue Berta.

Una mujer morena muy animada que había caminado muchísimo desde su casa atravesando el Rio La Mora, hasta la Cueva de la Colecita. Por suerte lograron atravesar aquel río antes de que se inundara.

Ella esperaba al lado de su novio que terminara el fenómeno terrorífico bien rápido. Berta, de alguna forma tenía un don que le permitía ver el miedo en los demás. Estaba embarazada de una niña para entonces.

—¿Cómo quieres que le pongamos amor? —Le cuestiono a su pareja—.

—No se, a lo mejor Alberta, lo cual es parecido a tu nombre.

—No, ese nombre suena muy para hombre. Mejor que sea Claudia.

—Si, ese me gusta. No hay tantos nombres así por aquí. Que sea ese.

La lluvia empezó a cesar un momento. Muchos esperaban que el huracán aquel se hubiese esfumado con el viento bien lejos o con la misma oración que hacían.

Uno de los curiosos de la Colecita llamado Felipe se emociono demasiado con el evento que hasta salió confiado hacia afuera. Miro el cielo por un momento y vio hasta algunas estrellas.

Estaba completamente despejado el firmamento. Así que animo a todos a salir porque ya la tormenta había pasado y no había de que preocuparse. Eran apenas como las 10:00 de la noche.

Cuando el padre Guerra vio que algunas personas empezaban a salir como distraídos y no se concentraban en adorar al santísimo que el había llevado hasta allí, se puso de pie, ya que estaba de rodillas y fue hasta la entrada a devolver a todo el mundo hacia atrás.

—Todo el mundo regrese a la Cueva. De ahora en adelante nadie sale sin mi autorización. Ustedes no lo ven como yo lo he visto. Esto es mucho más peligroso de lo que parece. —Miró al curioso que había salido y le llamo para que entrara—. Tú, Felipe, debes entrar a la Cueva, no es seguro que te quedes ahí fuera. Es un engaño. Los huracanes tienen una etapa que se les llama Ojo de Huracán. Es cuando aparenta que no sucede nada. Entra por favor, por el bien de tu vida.

—¡No! No entrare para nada. Usted solo quiere mostrar su autoridad por ser sacerdote. No tengo por que obedecerle. Veo muy bien las estrellas desde aquí y de aquí me marcho para mi casa. —Pensó para sí— Huracán, ojo de huracán. Solo dice disparates pretendiendo saber más que los demás.

Tinita intento convencerle de que realmente era así, porque también tenía conocimiento de este, al igual que otros educadores que estaban próximo al sacerdote como Rosa, Iluminada, Cheo y una gran mujer muy reconocida por sus hazañas poco convencionales dentro de la enseñanza típica del momento: Viena. La profesora más autentica de entonces en cuanto a su modo de proceder con autoridad.

Sin embargo, Felipe, el hombre insensato, volvió a decirles fuertemente:

—Ustedes quédense ahí si quieren, yo me largo para mi…

No terminó de hablar y un tronco que cayo del aire le aplasto por completo. El cielo volvió a oscurecerse completamente. Los vientos aumentaron de nuevo y la lluvia inicio su segunda etapa.

Todos se llenaron de pavor y angustia. Parecían contentos cuando la tormenta diabólica se detuvo, pero ahora…ahora volvía con su furia mas fuerte y una muerte de por medio a la vista de todos.

—No se alarmen y oremos por esta pobre alma que se ha lanzado al vacío. —Incitó el padre Guerra a los demás—. Señor, te alabamos. Señor, te bendecimos, Mi Rey de la Gloria, protégenos. Purifícanos. Lávanos. Pecadores somos Señor, tu haznos libres. Sananos. Ampáranos. Llénanos de ti. Apiádate de tu pueblo, oh, mi Cristo Redentor. Amen.

Acontecimientos En La Cueva Durante el Ciclón David

El goloso fenómeno continuaba arremetiendo contra arboles, viviendas mal construidas, conucos, alambradas, animales, personas.

El peligro no era ahora los problemas familiares, ni los gastos económicos, ni las actividades sexuales, ni los enamoramientos, ni las bromas pesadas de los niños, ni las separaciones, ni nada de esas cosas.

La magnitud de aquella colosal tormenta ponía a cada creatura pensativa sobre su futuro venidero y el desarrollo de un mundo nuevo.

La Cueva, el campo que empezaba a experimentar un auge en su comercio, en sus estructuras, escuelas, fundaciones, otra Iglesia, clubes, se quedaba hundido entre las ruinas de lo que apenas se comenzaba. Los centros deportivos repletos de deshechos. El pley, las canchas de voleibol, de básquetbol, ya sufrían los daños colaterales de aquel duro golpe histórico.

Algunas casas con un buen techo, como la de Oneida, hija de Enriqueta, sostuvieron a varias personas allí dentro.

Una de ellas estaba embarazada. Era Fabia, hija de Carmela y Pedro. Tenía cinco meses de embarazo. Enriqueta, la madre de Oneida, supo por qué no quiso estar allí y por que lo hizo.

Entendía que debía ayudar a su pueblo y nadie la detenía cuando se trataba de eso. Ellos pasaron la noche con una lámpara de gas.

Varias personas más se encontraban allí, a saber: una señora llamada China, Carmen, Melania, Cuca y sus hijos. Allí estaban todos, como si fuera bajo el techo de un campo de guerra. Era de puro cemento la casa.

Luego de tantas horas sin cerrar los ojos, ya no esperaban al descenso de la lluvia torrencial. El silencio había sido tan extenso, que ya no recordaban ni lo ultimo que hablaron.

Sentían que muchas semanas les tenían encerrado tanto en sus casas como a los que se refugiaban en la cueva de La Colecita. Las goteras eran evidentes en casas con un zinc viejo.

Varias poncheras de fregar y algunas cubetas esperaban estar llenas y, naturalmente, las habían tirado fuera en más de diez ocasiones. Al no resistir mas el sueno, algunos decidieron dormir.

Muchos acontecimientos más ocurrieron durante aquella noche del paso del Ciclón David, el ciclón que marco todo el país, que dejo huellas imborrables, que marco la existencia de muchos y que se quedaría por siempre en la memoria de todos.

Sin embargo, estos han sido escritos como un recuerdo del valor existente de nuestros primeros habitantes, quienes demostraron una fe magistral que todavía hoy día mueve los cimientos de cientos de jóvenes que allí viven.

EPILOGO

Al día siguiente de aquella experiencia, se cumplió con enorme evidencia de los hechos el famoso refrán que reza: "Después de la tormenta, viene la calma".

Sí, el sol tocaba las altas planicies de aquella pequeña hendidura oculta antes por matorrales y, ahora era tan visible como el descubrimiento del Nuevo Mundo, un mundo caótico, enterrado bajo una memoria silenciosa.

Los resultados de pérdidas de vidas, de perdidas económicas, perdidas producidas por las secuelas que dejaría mas tarde con las enfermedades producidas por el agua contaminada y los mosquitos, serian otra historia mas que contar.

La esperanza estaba llena de lágrimas. Los ojos que vieron aquel desastre debieron estar bastante llenos de optimismo como para hoy día, en el año 2013, darnos una lección a quienes no tuvimos que vivir dicha penosa experiencia. El padre Guerra fue enviado a otra parroquia mucho tiempo después.

Fue un sacerdote modelo en la comunidad. Todavía hoy le recuerdan muchas personas por ser un padre espiritual para todos y un amigo de la comunidad.

Pancha habría de morir alrededor del año 2000. Su hijo Cirilo dejo impresionada a toda la comunidad con una palabra que había pronunciado después de que había quedado como un enfermo mental bebiendo agua sucia de charcas y haciendo gestos como de un niño rebelde y autista, durante la muerte de su madre. Dijo: "Mama, mama".

El amor no tiene límites, incluso para cualquier enfermedad mental acontecida por un Ciclón de tal magnitud. Cirilo vivió a su modo y fue un hijo de la comunidad de La Cueva muy querido hasta su muerte varios años después.

Tago murió en el año 2010 dejando siete hijos a la comunidad de la Cueva, que hoy estudian, trabajan y ya tienen más hijos.

La gran Catequista de la Cueva, Petra, una servidora ferviente y perseverante en la fe, murió tres meses más tarde por problemas del corazón, dejando toda una comunidad de jóvenes que fueron hijos de su enseñanza y de su amor.

Tinita fue directora de la Escuela antes conocida con el nombre de San José (por las noches) junto a su esposo Delfin (otro modelo de ser humano) y del Liceo Socorro del Rosario Sánchez, donde hoy surgen grandes lideres para el bienestar comunitario y grandes oradores con el mismo carisma que de cualquier otro país del mundo. Aún continúa ejerciendo su liderazgo en el ámbito de la enseñanza.

Viena dio muchas clases después de aquella experiencia traumática. Tuvo que vivir en Cotuí.

Luego y, a pesar de que no quería, fue jubilada de la enseñanza. Hoy es un icono en la Comunidad. Cheo permanece fiel a su familia, con su silencio práctico y su maestría, continua demostrando que la enseñanza permanece siempre, en especial en el hogar. Todos sus hijos son el ejemplo de tal carácter y sencillez.

Manuel padre, murió dejando atrás una secuela muy dolorosa para su hijo. Los actos me los he ahorrado, ya que todos tenemos una oportunidad siempre de enmendar nuestras heridas mientras vivamos y, no soy quien para juzgar.

En la casa de Oneida sobrevivieron todos. Fabia (único nombre cambiado) tuvo contracciones aquella noche debido a los nervios. A finales de 1979, el 19 de diciembre, tuvo un niño que parecía un copo de nieve por su piel tan saludable y blanquecina.

Enriqueta vivió hasta los 92 años en La Cueva, haciendo obras de caridad por doquier, sosteniendo una farmacia y ofreciendo trabajos domésticos a muchas personas dentro de las cuales cabe mencionar: Cacabela, murió casi ciega por achaques de la vejez); Nanin, madre de ocho hijos y la barredora del patio de la casa, también murió de vejez al lado de su marido mientras se abrazaban; Cabuya, el buscador de las raíces medicinales para mi abuela, murió de una enfermedad de la piel dejando a su esposa conocida como Negra y a sus hijos e hijas con más hijos.

Antonio, hombre de trabajo que ayudaba a repartir comida para los días del Patrón Santiago que Enriqueta celebraba en honor a la comunidad.

Antonio todas las mañanas hacía la oración del día con la familia también. Juan Santana, después de que hubo amado a Enriqueta como ningún hombre en La Cueva, murió estando enfermo con bastante dolor, dejándola más tarde con su hijo Silvio, quien habría de morir también por problemas severos del hígado muchos años después.

Enriqueta Lantigua, una leyenda firme de La Cueva vive en los corazones del pueblo. Sufrió de

Alzheimer y murió en el año 2012 a sus cien años por achaques comunes de la vejez. Sus hijos e hijas viven la mayoría. Todos tienen hijos y nietos.

Berta o, Doña Berta, se caso por la Iglesia con su pareja de siempre, tuvo un embarazo exitoso.

Actualmente todas sus hijas están trabajando y algunas viven en Santo Domingo. Claudia, la niña de la que estaba embarazada, está casada con un joven de la comunidad de Cevicos llamado Jailin, quien también es muy conocedor de Dios. Viven en comunión con Dios desde sus vidas.

Hoy La Cueva se ha convertido en un lugar mucho más abierto a las distintas razas circundantes. Allí han llegado haitianos, neoyorquinos, puertorriqueños.

Se construye un parque para hacer del pueblo algo más atractivo y entretenido. Se ha reformado el nombre de la escuela y ahora es básica Luis Reyes y la secundaria es el Liceo Socorro del Rosario Sánchez.

Un liceo de bastas historias juveniles donde han nacido bastantes talentos. Muchos jóvenes mantienen los principios que les han inculcado sus padres de seguir hacia adelante, otros que han entrado a vivir en la comunidad, han comenzado a pervertir a los que están con vicios propios de países desarrollados.

La Cultura de La Cueva se percibe amenazada por planeadores políticos que atentan contra ella y sus valores, así como la corrupción misma que ha venido introduciéndose parsimoniosamente por manos de delincuentes que han salido de la capital para los campos y de otros lugares.

No solo La Cueva es un área virgen amenazada, también otros pueblos del entorno: La Colecita (Lugar que sirvió de refugio durante el Ciclón David), Los Peralejos, Selva Vieja, La Mora, Rio Blanco, Cevicos, Chacuey, Batero, entre otras más que están siendo contaminadas por comportamientos deshonestos y sin principios comunitarios.

Para pensar reconstruir el Pueblo de La Cueva, hace falta primero establecer los principios y valores bajo los cuales está fundada.

Hace falta la creación de una historia que dictamine el engranaje adecuado bajo el cual se moverá la comunidad hacia el futuro que le queda.

El aumento de empleo, riquezas urbanas de La Cueva como áreas turísticas, actividades folklóricas, concursos literarios, capacitación de Líderes en el ámbito profesional y espiritual. Pero, tal vez, esto ya existe, solo que, puede que sea una sola persona la que este cargando con todas estas ideas y con el fuerte azote de lidiar con esa carga pesada.

De ese modo, jamás se logrará sobreponer el emblema de una comunidad nacida con dolores de parto.

¡Revivamos la memoria de la comunidad que venció en tiempos difíciles!

Despertemos ante el nuevo Ciclón David que hoy atenta nuestros valores y hagamos marchas y actividades a favor del bienestar social de La Cueva, a favor de la decencia, de la honestidad en las palabras y de los hechos, sobre todo.

Al que diga "Yo prometo", anóteselo. Prediquemos con el ejemplo. Que surjan menos mandones, chismosos, criticones y vengan más hacedores para la batalla, más líderes y buenos civiles y cristianos.

Algunos de sus ciudadanos que residen en Estados Unidos y otros países como España, hacen lo posible por ayudar desde la distancia y respetar con honores este nombre del pueblo haciendo negocios con el mismo.

Existe el restaurante La Cueva en New York, así algunas peluquerías y demás.

No te duermas oh Cueva, mi Cueva querida.

Cuando en el influjo de la noche que se avecina

Eres herida con manos ociosas y mente vacía.

No es tan cierta la ignorancia, como el alma

Maldita, que procura la ruina de una estructura

Con vida, como eres tú mi Cueva amiga.

Con paz lidiare con esta gente vecina

Y daré a conocer mi emblema sin odio

Ni envidia, sin la violencia que oprimía

Mi deseo de verte VIVA.

Oh, La Cueva, comunidad bendita.

Llénate de regocijo en la fe de tu pueblo

Y coloca en ellos el anhelo de tu

Cobijo materno, que es el tenerte a ti

Contenta, amada y bonita.

En Memoria de todas las personas que murieron durante el Ciclón David y a todos los que habitan el Pueblo de La Cueva, antes tenido como un Campo. Viva por siempre la gente de La Cueva y su amor por ella.

Nota importante

La historia es una leyenda, por lo que está sustentada en hechos imaginarios propios del escritor. Ninguno es real, más que los que se registran en el epílogo y la fecha real del Ciclón David.

Los nombres mantienen su naturaleza fiel, a excepción de Fabia, único nombre reservado. Si tienes alguna objeción respecto de los nombres o de la misma historia, comunícate conmigo por:

Las redes sociales bajo el seudónimo de: D. S. Drwinland.

Cualquier comentario acerca de esta historia no real que pueda ofender a los pobladores de la comunidad de La Cueva, por favor, escríbanme y les haré las modificaciones pertinentes.

Gracias por estar ahí y ser uno más con mi pueblo, que es su pueblo. Gracias.

Biografía

D. S. Drwinland

Nació el 27 de agosto de 1980 en Cotuí, Provincia Sánchez Ramírez, República Dominicana.

Criado en la comunidad de La Cueva, se dedicó a la lectura y la escritura desde muy joven; entusiasta de la actuación, la psicología, la religión, la filosofía, así como la música. Temas que ahora aborda en todos sus veinticinco libros.

Completó el bachillerato en el Liceo Socorro del Rosario Sánchez y el Colegio Inmaculada Concepción de La Vega.

Formó parte del Seminario Pontificio de Santo Tomás de Aquino (en Santo Domingo), donde estudió filosofía. A partir de ahí, ha estudiado Psicología Clínica en la Universidad Autónoma de Santo Domingo.

Para conseguir más libros del mismo autor, puedes acceder a todas las plataformas y adquirir sus libros por internet con su nombre: D. S. Drwinland.

Gracias por tu apoyo

Que viva la comunidad que me dio los principios y valores por los que hoy puedo afirmar con toda certeza que soy feliz.

Gracias a todos los que formaron parte de mi educación. Dios les siga bendiciendo.

www.ingramcontent.com/pod-product-compliance
Lightning Source LLC
Chambersburg PA
CBHW031430250726
48656CB00002B/917